$\underline{I}\,\overset{49}{b}\,93.$

Lettre

SUR

Les Affaires présentes;

PAR

M. le Vicomte Félix de Conny.

A PARIS,

CHEZ ANDRIVEAU, LIBRAIRE,

BOULEVARD DES CAPUCINES, N°. 3.

1824.

LETTRE

SUR

LES AFFAIRES PRÉSENTES.

Vous désirez, Madame, que j'occupe vos loisirs de province, en vous présentant quelques traits du tableau qu'offre Paris en ce moment ; j'obéis à vos ordres, et je vais jeter au hasard quelques observations rapides sur la situation actuelle des esprits. Vous me permettez de n'apporter aucune méthode dans des feuilles qui ne doivent être que l'image d'une conversation, avec tout son abandon, et peut-être même avec son désordre.

Vous avez regretté, Madame, de ne point être à Paris lors de l'avènement de Charles X ; votre âme si française eût été vivement touchée de la noble douleur d'un peuple pleurant dans son Roi le père de la patrie ; soldats, citoyens, femmes, enfans, vieillards, tous unissaient leurs larmes. Tous, marchant lentement autour du cortége funèbre, et contemplant ces dépouilles sacrées, s'inclinaient devant la double majesté des rois et des tombeaux ; tous, frappés d'un saint respect, retraçaient les vertus d'un Prince qui fut Roi dans l'exil comme sur le trône, et rappelaient ces jours marqués par nos malheurs, où, à l'aspect de l'Europe entière sous les armes, la France dut à son Roi de rester France.

L'entrée de Charles X dans Paris vous eût fait verser des larmes d'amour et de ravissement ; jamais le peuple ne fut plus français qu'en ce beau jour ; c'était un délire, une ivresse impossible à décrire ; le nom d'Henri IV était sur toutes les lèvres ; mille mots charmans, et qui partaient de l'âme, se faisaient entendre de toutes parts. Il est des impressions si vives et si fortes, que pour les rendre toutes les paroles sont impuissantes. Que vous dirai-je, Madame ? le Roi paraît, et on l'aime ; il subjugue, il entraîne, et exerce sur tous une puissance irrésistible.

Toutes les feuilles qui vous ont donné ces détails, ont été au-dessous de la vérité. Jamais le nom de Bien-Aimé ne fut décerné d'une manière plus touchante et plus vraie. Le noble caractère français se montrait dans toute sa beauté, dans toute sa grâce : on reconnaissait cette nation heureuse et fière d'aimer, d'obéir à ses rois ; tous les souvenirs, orgueil de la France, se retraçaient à toutes les pensées ; le peuple montrait avec fierté son Roi à cette foule d'étrangers accourus à Paris de tous les points de l'Europe. Témoin de ce spectacle, entraîné par cette puissance magique des regards d'un Roi qui enivre d'amour, l'étranger semblait nous dire : *Que vous êtes heureux d'être Français !*

Soyez-en certaine, Madame, il n'existe sur nul trône de l'Europe aucun Roi qui exerce sur son peuple une puissance plus immense que celle du Roi de France ; le Roi peut tout ; car il y a dans les esprits la plus forte conviction qu'il aime avec ardeur la vérité et qu'il veut avec passion le bonheur de son peuple. Dès-lors rien n'est impossible à un Bourbon qui règne sur la France, et sur la France devenue plus grave par le sentiment de ses longs malheurs ; fatiguée des crimes de l'anarchie et de la servitude du despotisme, la France est enfin convaincue que les Bourbons seuls peuvent résoudre le problème des temps modernes, l'alliance du pouvoir et des libertés ; la mort d'un Roi a révélé à tous la sainteté du dogme de la légitimité. A travers les déplorables divisions qui existent dans les esprits, on retrouve cette conviction au fond de tous les cœurs ; sans les

Bourbons, tout serait perdu ; les libertés de la patrie disparaîtraient sans retour ; mais il faut le dire, et le dire sans feinte, ce ne sont point des esprits chagrins qui parlent sans cesse de la corruption des temps ; cette corruption, fruit de trente ans de crimes, d'anarchie et de servitude, a pénétré dans toutes les parties de cette France, antique patrie de la loyauté, terre natale de l'honneur.

Échappée au naufrage qui menaçait avec elle la civilisation européenne, la France, après dix ans de restauration, est encore gouvernée par trente mille lois que lui légua l'empire et que l'empire avait reçues de la république. Les cœurs ont soif de vérité, et l'erreur est partout ; car l'irrésolution du pouvoir est depuis dix ans son caractère indélébile ; jouet de toutes les passions et de toutes les craintes, jeté sans cesse dans mille directions diverses, il cède au flot qui l'entraîne, et, mobile comme l'onde des mers, il reçoit la loi de toutes les circonstances et obéit à tous les caprices ; en butte aux médiocrités qui se pressent autour de lui et le fatiguent de leurs lâches clameurs, le pouvoir, sans fixité, sans direction, s'agitant dans le vague et marchant au hasard, méconnaît la loi qui constitue son essence même ; il l'ignore, car il ignore sa puissance.

Vous vous rappelez, Madame, l'espoir que conçut la France lors de la création du dernier ministère ; des hommes sortis de nos rangs furent élevés au pouvoir ; leur dette, envers la France, était immense, car ils savaient que les malheurs de la patrie avaient été immenses. Assis au milieu des ruines de la révolution, ils reçurent de leur Roi et de la France la mission de réparer tout ce qui était réparable.

Consacrer les principes éternels de la religion et de la justice ; jeter les fondemens d'institutions qui, étendant leurs racines sur le sol de cette vieille monarchie, croissent avec les temps, et rallient autour du trône des enfans de Saint-Louis tous les intérêts, toutes les passions et toutes les gloires ; donner à l'activité française de grandes et nobles directions ; entraîner les esprits vers de nouvelles conquêtes dans les sciences, dans les arts et dans les lettres ; accroître chez l'étranger l'honneur du nom français ; combattre par-dessus tout cette fatale disposition des temps modernes, qui menace d'asservir la France sous le joug le plus honteux, l'aristocratie de l'or ! effroyable résultat de la corruption des temps, qui placerait sur les comptoirs de la Bourse le premier trône de

Tels furent, Madame, les vœux de cette noble France à l'avènement du dernier ministère.... L'histoire s'avance pour interroger les actes du pouvoir et connaître si ses dépositaires furent fidèles au vœu du trône et de la patrie ; l'histoire sera sévère ; elle doit l'être, car aucune loi humaine ne force, dans aucune situation, un homme à revêtir le caractère de ministre ; il est libre et toujours libre ; les droits de la naissance appellent les princes à porter la couronne ; bénissons cette loi sacrée, elle donne un second Henri IV à la France. Puisse la France, digne de son Roi, lui donner un Sully ! Puisse Charles, honneur de la chevalerie, Charles toujours et à jamais le Bien-Aimé, rencontrer dans ses conseils des hommes qui sachent comprendre les inspirations de cette âme si grande et si française. Osons nous en flatter, Madame, la Providence doit de grands ministres à un tel Roi.

Vous n'attendez point que je vous trace, dans ces feuilles fugitives, l'histoire du ministère actuel ; mais vous désirez connaître la situation des esprits sur les événemens graves qui ont marqué ces dernières années. Les provinces plus éloignées du tourbillon des affaires que Paris, peuvent à peine, dites-vous, Madame, s'expliquer encore les retraites successives de MM. de Montmorency, de Bellune et de Châteaubriant. Moins oublieuses, ajoutez-vous encore, que Paris, elles restent fidèles au souvenir de ces hommes qui, dans des situations diverses, ont honoré le nom français.

Paris, Madame, ressemble un peu aux provinces; et, malgré le brouhaha et l'extrême agitation d'une scène constamment mobile, Paris peut à peine concevoir encore les retraites de ces ministres.

On a beaucoup écrit, on s'est donné beaucoup de mouvement, beaucoup de peine pour justifier ces inexplicables disgrâces ; tous ces articles de journaux devenus serviles, tous ces pamphlets n'ont aucune force et n'établissent aucune croyance. Méprisés à Paris, ils sont sifflés dans les provinces; et lorsqu'on les voit, par de lâches insultes, outrager des hommes en possession d'une gloire européenne, on éprouve ce sentiment d'indignation et de pitié que l'on ressent à la vue des barbares mutilant de leurs mains sanglantes les statues qui décorent les temples de la patrie....

Tous les efforts ont été et seront impuissans; le bon sens et l'honneur français ont répondu à tout ; en dépit des injures et des calomnies, il demeure constant que M. de Montmorency, ambassadeur du roi de France au congrès de Verone, a tenu le langage digne de la France et de son Roi; il demeure constant que l'homme qui porte le plus beau nom de l'Europe, toujours digne de le porter, lui a imprimé la plus éclatante illustration.

À Paris, comme dans les provinces, l'inexplicable retraite de M. de Bellune est encore un sujet de douleur pour tous les cœurs sensibles à la gloire de la patrie : en d'autre temps, il avait combattu sous des drapeaux déchirés par la victoire ; au jour du malheur de ses Rois, la terre de l'exil est le poste de l'honneur ; le noble guerrier y court, et Gand le reçoit dans ses murailles. Demandez à la garde, demandez à l'armée, si elles s'expliquent cette inexplicable retraite ; demandez-leur si elles n'ont point couvert de mépris les lâches insultes adressées à un des vétérans de l'honneur français, dont les cheveux ont blanchi sous les lauriers, et dont l'austère intégrité servit son pays et son Roi aussi bien que sa valeur sur les champs de bataille.

À Paris, comme dans les provinces, Madame, l'éloignement de M. de Châteaubriant est le plus étrange épisode des temps où nous vivons; il est dans sa destinée d'avoir, à toutes les époques de sa vie, soulevé contre lui toutes les médiocrités et les plus honteuses passions. Sous l'empire, les journaux l'insultaient par ordre;

et quand un de ses nobles parens, victime de son héroïque fidélité, tombait sous la plaine de Grenelle, frappé du coup mortel, le même jour peut-être la police de ces temps soldait le prix des insultes que des écrivains sans noms adressaient tous les jours à l'homme qui avait élevé à la gloire de la religion et de son pays un immortel monument.

La France connaît ses persécutions sous l'empire ; et lorsqu'elle pleure le dernier des Condé, le plus exécrable attentat vient lui retracer encore le plus noble courage....

Elle se rappelle quelle voix s'éleva lorsque l'étranger, aux murs de Paris, incertain peut-être s'il ne combattrait pas la royauté légitime, recevait les envoyés de celui que les rois saluaient encore du titre d'empereur. Pour le dire d'un mot, l'homme qui avait dompté l'Europe était debout et entouré de ses légions lorsque M. de Châteaubriant fit entendre une voix qui s'élevant des rives de la Seine, franchit les Alpes, les Pyrénées, et retentit aux bords du Danube, du Volga et de la Tamise....

Dans les murs de Paris, comme hors de ses murs, tous les cœurs généreux se rallièrent à cette voix ; les peuples l'entendirent aussi bien que les rois. Les jours marqués pour la délivrance étaient venus ; le sceptre de la tyrannie fut brisé, et les Bourbons furent rendus à la France,

Si un tel homme fut fidèle sous l'empire à la cause du malheur, depuis dix ans quelle circonstance le trouva jamais étranger à la noble cause des Bourbons et de la France. Vous vous rappelez l'époque à jamais déplorable d'un ministère qui pesa si long-temps sur cette noble patrie, et qui termina sa trop longue durée à la lueur des funérailles d'un Prince espoir de la France. Le malheur avait rallié les royalistes; on était juste alors; et l'auteur du *Génie du Christianisme*, recevant d'une commune voix le titre de général, éleva le *Conservateur*.

Répandant de toutes parts les doctrines salutaires, le *Conservateur* unit en un seul faisceau les forces éparses de la monarchie, et la France fut préservée de nouvelles révolutions.

C'est cet homme, Madame, qui a rendu à son pays de si éminens services, que la France a vu éloigner des affaires d'une si étrange manière. Vous avez lu les écrits que, depuis sa retraite, il a publiés; toutes les pages sont empreintes de ces sentimens si élevés, si français, qui furent, aux époques les plus diverses, l'histoire de la vie du noble pair; toutes ses pensées respirent l'amour de la France et des Bourbons; j'ai honte de le dire, Madame, on l'attaque de mille manières ; on s'acharne avec une passion qui rappelle ces jours déplorables où les courtisans de l'empire, mettant toute leur gloire à devenir esclaves, insultaient un grand homme pour plaire à leur maître.... On ose imprimer que celui dont le noble caractère et les écrits immortels honoreront à jamais le nom français, est oublié de ses contemporains ! Lâche outrage à la France, qui n'atteste que l'impuissance d'une ligue formée des plus honteuses passions et des plus misérables médiocrités contre un nom illustre, cher à jamais aux Bourbons et à la France.

Si, depuis sa retraite du ministère, M. de Châteaubriant eût gardé le silence, ce silence on l'eût alors accusé ; on eût répété, n'en doutez pas, Madame, qu'étranger aux affaires de son pays, il voyait avec indifférence les mouvemens divers qui agitent l'Europe et les divisions qui affligent la France.

Paris et les provinces reconnaissent à-la-fois que M. de Châteaubriant était placé dans une situation telle qu'il ne lui était pas permis de garder le silence et de languir dans le repos ; d'autres devoirs étaient imposés à celui qui, dans des situations diverses, avait tant servi son pays. Les écrits que publie le noble pair sont lus avec une avidité toujours croissante ;

plus le temps avance, et plus l'influence de ses écrits sera immense.... M. de Châteaubriant s'adresse à la France, et cette noble France écoute avec ravissement cette voix qui, toujours fidèle au malheur, se fit toujours entendre pour célébrer les gloires de la patrie.

On a pu l'éloigner du pouvoir ; mais on ne peut lui ravir des consolations dignes de l'âme la plus française. Vous le savez, Madame, ce fut sous les auspices de cet écrivain célèbre, ce fut aux soins de Mme. de Châteaubriant que nous avons dû de voir s'élever un établissement dont le nom rappelle les plus augustes douleurs et le plus beau caractère des temps modernes. Vous pressentez que je veux parler de l'infirmerie de Marie-Thérèse, qu'honore de la plus touchante bienveillance l'auguste Fille du Roi-Martyr.... C'est là que de vénérables prêtres qui ont blanchi dans le sanctuaire ; c'est là que de nobles infortunés trouvent, avec un noble asile, ces soins délicats, ces égards mille fois plus précieux encore, dette sacrée que l'on doit au malheur !...

Je fus, il y a peu de jours, visiter ce pieux établissement, refuge de la douleur. J'admirai tous les détails de son administration ; elle me parut parfaite sous tous les rapports. On y retrouve partout la pensée religieuse et monarchique de ses nobles fondateurs. Je causai long-temps avec un vieux prêtre que j'avais connu autrefois, et qui maintenant, chargé d'années, ne peut plus remplir les augustes fonctions du sacerdoce; il est venu achever, dans cette retraite, des jours que l'exil et les temps d'orage troublèrent plus d'une fois; et là, pénétré d'une sainte reconnaissance, il prie Dieu pour ceux qui lui ont accordé un tel bienfait. Vous eussiez été vivement attendrie, Madame, si, comme moi, vous l'eussiez entendu parler avec tant d'émotion de la fondatrice de cet asile, *de cette grande dame,* me disait-il, *qui est si bonne, et qui fait tant de bien.*

C'est une chose touchante et tout-à-fait admirable que la fondation d'un tel établissement; il était digne de celui qui avait chanté les beautés du christianisme, d'ajouter une œuvre de plus aux bienfaits de cette religion qui éclaira, civilisa et consola la terre. Les bénédictions du malheur qui s'élèvent de ce pieux asile, sont plus chères à son âme que les flatteries des courtisans du pouvoir.

Le croirez-vous, Madame, et j'ai honte de le redire : il s'est rencontré des écrivains qui, depuis la disgrâce de M. de Châteaubriant, ont osé faire de plates bouffonneries sur la fondation d'un tel établissement. Les malheureux!

Je m'arrête, Madame; de telles insultes me rappelleraient les lâches railleries de Barrère et de ses complices.

Les conversations sur les affaires actuelles deviennent plus vives encore à l'approche des chambres : c'est l'instant du combat ; tout s'apprête pour une lutte qui peut avoir une immense influence sur les destinées de la France et de l'Europe. Les plus graves questions occupent les esprits ; une loi sur les réparations des spoliations commises envers les victimes de la révolution, sera enfin présentée aux chambres. Puisse cette loi, attendue depuis si long-temps, remplir le noble but qu'elle doit se proposer ! puisse-t-elle, consacrant les principes éternels de la justice, rendre impossible le retour des révolutions, et imprimer dans tous les esprits le respect de la propriété, fondement de l'ordre dans les sociétés humaines ! Un seul mot a déterminé le véritable caractère que doit avoir une telle loi. *C'est une loi de conscience,* a dit le Roi. Ce mot seul dit tout.

La lecture des journaux vous apprend, Madame, les attaques qu'on livre au ministère actuel, et la défense que ses partisans y opposent ; mais, au milieu de ces opinions diverses, une pensée réunit tous les hommes d'honneur ; la franchise et la loyauté sont désormais devenues une des conditions indispensables du pouvoir ; ainsi le veulent le caractère national . et, pardessus tout, le noble caractère de ce Roi , le premier Français et le plus noble représentant des antiques vertus de cette belle patrie.

La force est dans la justice ; tout ministère qui abdiquerait cette route de loyauté et de franchise , et se jetterait dans le dédale tortueux d'une politique italienne , cesserait d'être en harmonie avec le caractère français ; il serait renversé et tomberait aux acclamations de tous les cœurs nobles et généreux ; c'est au grand jour que se discutent les affaires de l'État ; le langage des cabinets du pouvoir doit se répéter sur le Carrousel et les boulevards ; c'est dire assez que le sceptre des coteries et des boudoirs est brisé, et brisé sans retour. Que le pouvoir s'appuye sur la religion , la justice et l'honneur , et dès-lors il sera inébranlable ; que, combattant par de sages institutions la corruption des temps , il rallume dans toutes les âmes les vertus qui firent la gloire de la France , et dès-lors il aura pour défenseurs tous ceux qui portent un cœur français.

C'est vainement que l'on déplore sans cesse les ambitions qui agitent dans l'atmosphère du pouvoir : osons ici nous expliquer sans

feinte : ce n'est point sans doute par un sentiment de résignation et d'humilité que les ministres, à des époques diverses et dans les temps où nous sommes, arrivent au timon des affaires. S'il se présentait un homme doué d'une immense supériorité, qui, dédaignant les vains applaudissemens du monde et foulant à ses pieds les hochets de la vanité, élevât son âme à de hautes régions et n'acceptât le pouvoir que pour rendre gloire à Dieu ; certes, il faut l'avouer, l'apparition d'un tel homme serait le plus grand bienfait qu'un peuple puisse recevoir des bontés de cette Providence qui préside aux destinées des nations. Mais si de tels hommes n'apparaissent qu'à de grandes distances sur la scène du monde, et si les temps où nous sommes placés ne sont point destinés à recevoir un si grand bienfait, désirons que les ministres qui arrivent au pouvoir, ressentent la passion de la gloire, cette passion des âmes élevées, sans laquelle aucune grande conception ne peut être réalisée. Puissent les hommes chargés des destinées de la France, sentir leur cœur battre sans cesse à la pensée de l'avenir !.....
Puissent-ils, portant leurs regards sur les statues qui ornent les palais de nos Rois, ressentir l'ardent désir de prendre place dans cette ligne de grands hommes qui forment le cortége

du grand Roi...! Puisse cette pensée dans tous les instans du jour, dans le silence des nuits, les arracher au repos et leur inspirer cette noble ardeur qui enflamme le guerrier sur le champ de bataille, et lui fait voir la gloire pour récompense du sang versé dans les combats!...

Mais si cette pensée de la gloire n'inspirait qu'un lâche dédain, n'attendons alors rien que de vulgaire ; de petites passions pourraient s'agiter autour du pouvoir ; de petites médiocrités, rampant de mille manières diverses, pourraient venir réclamer leur salaire et former de misérables coteries ; mais rien de grand ne s'éleverait de cette atmosphère; car la gloire n'est point là, elle a fui de telles régions.....

Loin donc de s'irriter des attaques renouvelées sans cesse, les ministres doivent les considérer comme une des conditions des gouvernemens représentatifs. Et, on l'a dit avec raison, ces gouvernemens n'ont point été créés pour le repos des ministres.

Si, fatigués de ces cris, les hommes du pouvoir cherchent vainement la tranquillité dans cette atmosphère d'agitation, qu'ils abdiquent les hautes fonctions qu'ils ont librement acceptées, et que, rendus aux douceurs de la vie privée, ils jouissent des charmes d'un honorable repos.

Les temps modernes exigent, il faut l'avouer, une force d'âme peu vulgaire et la plus inébranlable volonté pour marcher au bien à travers des attaques sans cesse multipliées et des obstacles toujours croissans ; des hommes supérieurs sous plus d'un rapport, mais fatigués de ces murmures improbateurs, peuvent quitter sans honte un pouvoir qu'ils ne furent point contraints d'accepter. Il est des circonstances telles que, dans les intérêts du pays, l'abdication volontaire est un devoir dont l'accomplissement, en honorant les dépositaires du pouvoir, leur rend des droits à cette bienveillance publique, qu'à tort ou à raison ils auraient eu le malheur de perdre.

Les âmes élevées peuvent seules reconnaître qu'il y a dans une abdication volontaire, un caractère de grandeur et de noblesse toujours apprécié par une nation sensible à tout ce qui porte l'empreinte de la délicatesse et de l'honneur.

Un tel acte surtout est digne d'hommes sortis des rangs royalistes, et qui n'ont mérité, en d'autres temps, cette honorable élévation, que parce que leurs nobles amis ont cru de tels hommes susceptibles des plus grands sacrifices pour la gloire de la royauté et de la France.

Dans une telle situation des esprits, vous pressentez, Madame, que Paris, comme les provinces, attendent de la Chambre des Députés une sage et noble indépendance. L'opinion publique se prononce sur cet objet d'une manière unanime et éclatante. Vous vous rappelez la proposition faite à la session dernière, de soumettre à une nouvelle élection les députés appelés à diverses fonctions.... Une minorité nombreuse accueillit cette proposition si noble et si française ; mais quelques voix l'emportèrent, elle fut rejetée ; toutefois s'il n'est point écrit dans le texte de nos lois, que nul député ne peut accepter aucune place, sans être soumis à une nouvelle élection, on peut assurer, et j'invoque les opinions diverses, que cette règle, dictée par un sentiment impérieux en France, celui des convenances, sera consacrée par l'usage avant que la loi la prescrive.

Une Chambre servile ne s'établira jamais en France, le caractère national la repousse (1).

---

(1) On retrouve partout, en observant avec soin la situation des esprits, cette extrême délicatesse avec laquelle la France impartiale des provinces apprécie les actes du pouvoir. Parmi plusieurs exemples que je pourrais citer, que l'on se rappelle l'impression forte et durable qu'a produite l'éloignement de M. de

Les Députés porteront donc dans leurs graves fonctions cette entière indépendance qu'attendent et ses provinces et leurs commettans ; mais ce n'est point assez qu'ils soient indépendans, il importe que la calomnie même ne puisse essayer les atteintes envers leurs nobles caractères, et les accuser d'obéir à d'autres inspirations et d'écouter d'autres voix que celle de leur conscience. On assure que pénétrés de ces nobles sentimens, si dignes de ces honorables membres, plusieurs Députés, qui dans l'intervalle de la session ont été appelés à diverses fonctions, doivent, à l'ouverture des Chambres, demander à être soumis à une réélection ; on cite parmi eux M. le marquis d'Auberjon ; cette démarche toute française n'étonnera d'aucun de ces honorables membres, et elle sera suivie par tous.

Berthier du conseil-d'état : celui dont le père fut massacré aux jours sanglans de notre fatale révolution, porte un nom sacré pour la France ; et quand cet honorable député, chargé d'une administration supérieure, a su concilier d'unanimes suffrages, quand il réunit à la piété la plus élevée le plus noble caractère, quand il n'écoute, dans ses graves fonctions, que les inspirations d'une conscience éclairée et indépendante, et que son cœur est tout dévoué aux Bourbons, un tel acte devient pour la France monarchique un sujet d'étonnement et de douleur.

S'il en était autrement, les divisions les plus funestes déchireraient la Chambre et les opinions qui s'agitent autour d'elle. On répéterait dès-lors que la Chambre est servile ; mais ne le redoutez point, Madame ; l'opinion publique se manifeste avec trop de véhémence ; les Députés français obéiront à toutes les inspirations de l'honneur. Les femmes, aimables interprètes, surtout en France, de tous les sentimens de délicatesse et de convenance, feraient justice dans les salons de tout ce qui porterait quelque ressemblance avec la servilité.

La Chambre des Députés, noble organe de la France, sera donc calme, indépendante et sévère. Elle examinera avec une rigoureuse austérité ces graves affaires, sur lesquelles d'étranges révélations, parties de la tribune, ont retenti dans l'Europe entière. Elle se rappellera constamment cette pensée d'un de ses honorables membres, lors de la discussion sur les crédits accordés pour la guerre d'Espagne : « *Des sanctions de crédit ne sont pas une simple formalité ; les Chambres ont le droit et le devoir de les refuser lorsque l'urgence et la nécessité des dépenses ne sont pas justifiées devant elles* (1). »

---

(1) Rapport de M. de Martignac, lu dans la séance du 21 juin 1824, p. 5.

Que les hommes , qui ont trempé dans de lâches manœuvres , quels qu'ils soient , ne pensent point à chercher un refuge sous les lauriers d'un Prince que l'Europe admira , vaillant comme Henri IV sous le feu de l'ennemi, et, comme Henri IV , clément après la victoire. Le Prince a rempli sa mission ; ce fut une mission de gloire , et les colonnes d'Hercule l'ont vu délivrant un Bourbon. Mais vous tous que de honteux trafics ont pu déshonorer ; vous qui, loin des combats , vintes chercher de l'or qui fut le prix de la corruption , les drapeaux français vous repoussent ; vous ne fûtes point soldats ou vous fûtes indignes de l'être. De sévères investigations vont porter la lumière dans ce dédale d'inextricables intrigues. La France attentive connaîtra si de criminelles prévarications n'ont point déshonoré des hommes revêtus d'un caractère public. Elle saura tout ; et si les tributs, ce sang du peuple, ont été détournés de leur destination par la corruption , le glaive des lois restera suspendu sur les têtes coupables quelles qu'elles puissent être. De tels hommes sont repoussés par l'honneur français, ils feraient honte à nos drapeaux ; ils ne peuvent être défendus que par leurs complices. Vainement ils invoqueraient la clémence P du rince qui conduisit nos bataillons à la victoire. La religion et la gloire, voilà les nobles mobiles du pieux et vaillant descendant de saint Louis. C'est loin des lauriers d'un Bourbon que de tels hommes peuvent trouver un refuge.

Telles sont, Madame, les graves questions qui occupent tous les esprits; espérons d'heureux jours sous le sceptre d'un roi qui achèvera de réaliser la pensée de son auguste Frère, *en fermant à jamais l'abîme des révolutions.* La royauté légitime a jeté en France d'indestructibles racines. Le Roi peut tout, car il est l'idole de son peuple, et son auguste Fils est l'idole de l'armée.

Quand les temps seront venus, la sagesse royale saura appeler dans ses conseils les hommes qui devront recevoir ses nobles inspirations, et lui faire connaître, en échange, les besoins de ses peuples. C'est parce que la France a la conviction des vertus de son Roi, qu'elle porte sans cesse ses regards sur les hommes qui, à des époques difficiles, ont rendu à la monarchie d'éminens services, et que le malheur des temps a éloignés des conseils du trône. De tels souvenirs sont dignes de la France; car ils sont un hommage à la haute sagesse de son Roi. S'il était vrai que l'ingratitude contemporaine pût oublier de grands services, le cœur du Roi en garderait la mémoire, l'Europe entière le sait; cette conviction est dans tous les esprits, et dès-lors des noms célèbres viennent sans cesse occuper l'attention publique. Paris et les provinces ont vu avec le plus vif intérêt M. le comte de Vaublanc appelé plus d'une fois aux conseils de la couronne ; son noble caractère est dès long-temps connu, et l'on sait qu'il est un des hommes les plus instruits de l'Europe dans les graves matières de commerce et de douanes, questions immenses qui, embrassées par un homme d'état, intéressent au plus degré la prospérité de la France et de ses colonies.

Je vous parlais, il y a peu d'instans, Madame, de MM. de Montmorency et de Châteaubriant. Les journaux vous ont annoncé le retour à Paris de M. le baron de Vitrolles ; il avait fait un voyage dans ses terres de Provence ; et quoiqu'il eût à peine conservé quelques relations avec Paris, la France et Paris s'occupaient de lui. Que de lâches intrigues, que de misérables moyens furent employés en d'autres temps pour calomnier celui qui avait rendu aux Bourbons et à la France de si éminens services, et qui deux fois avait attaché son nom à deux restaurations. C'est une gloire peu commune, il faut l'avouer, et on conçoit que, dans une si haute situation, un tel homme puisse dédaigner les injustices contemporaines, et en appeler au temps, vengeur légitime, au temps qui met à leur véritable place toutes les renommées et toutes les gloires ; les jours de la justice sont venus, et, chose digne d'être observée, un des hommes les plus remarquables de l'époque actuelle a vu son siècle reconnaître ses hautes supériorités ; les opinions les plus diverses se sont réunies sur ce point ; les lâches clameurs de l'envie ont cessé de se faire entendre, et la France a reconnu que peu d'hommes comprenaient, à un plus haut degré, les vraies conditions du pouvoir dans les intérêts de la gloire et de la monarchie française ; l'étrange oubli dans lequel est resté si long-temps cet homme d'état, a désarmé l'envie, et peut-être forcé ses contemporains à reconnaître ce que trop souvent le présent laisse à l'avenir le soin de consacrer. La reconnaissance de la France et une considération européenne l'ont, dès long-temps, vengé de l'oubli du pouvoir, et tel est l'empire des souvenirs qui se rattachent à son nom, qu'il est impossible de faire que l'opinion publique ne s'occupe sans cesse, surtout en de graves conjonctures, et de ses services si éminens, et d'une réunion si rare des plus hautes capacités.

Puisque vous le désirez, Madame, je continuerai dans des lettres qui suivront celle-ci, à vous parler des événemens du temps présent et des hommes qui occupent l'attention publique. Les Chambres rendront ces lettres plus rapides; peut-être en recevrez-vous une de province, si je puis, quittant ce vaste bazar qu'on appelle Paris, aller passer quelques instans sur mes rives chéries de l'Allier : rassemblant là quelques feuilles éparses, ce sera le *Tableau de Paris vu des Provinces*, dont j'essaierai de vous présenter quelques traits.

Je suis, etc.

Paris, 16 Décembre 1824.

Le V.te Félix de Conny.

IMPRIMERIE BOUCHER, RUE DES BONS-ENFANS, N°. 34.

www.ingramcontent.com/pod-product-compliance
Lightning Source LLC
Chambersburg PA
CBHW060631050426
42451CB00012B/2542